Zehn goldene Regeln für das Zusammenleben mit 100 warnenden Beispielen

aufgeschrieben
und gezeichnet von

James Thurber

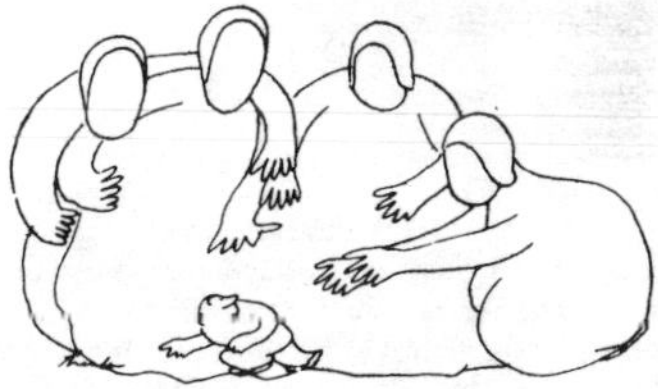

Rowohlt

Zusammenstellung und Bildunterschriften von
H. M. Ledig-Rowohlt
«Zehn goldene Regeln für das Zusammenleben» erschien
unter dem Titel «My Own Ten Rules for a Happy Marriage»
in «Thurber Country» (Simon & Schuster, New York, 1953)
Die Zeichnungen wurden entnommen aus
«Men, Women and Dogs»
(Harcourt, Brace and Company, New York, 1943)
«The Thurber Carnival» (Grosset & Dunlap Publishers,
New York, 1945), «The Beast in Me and Other Animals»
(Harcourt, Brace and Company, New York, 1948)
«Alarms and Diversions»
(Harper & Brothers Publishers, New York, 1957)
Farbiges Umschlagbild von James Thurber

1. Auflage Februar 1976
Zehn goldene Regeln für das Zusammenleben
mit 100 warnenden Beispielen

Gesamtherstellung Clausen & Bosse, Leck/Schleswig
Printed in Germany
ISBN 3 498 09826 8

Zehn goldene Regeln für das Zusammenleben

Niemand – das möchte ich von vornherein klarstellen – hat mich darum gebeten, Regeln für ein dauerhaftes Eheglück und die Aufrechterhaltung der Ruhe in Boudoirs und Kaminecken zu formulieren. Der Gedanke kam mir eines Tages, als ich einem Paar in der Wohnung vis-à-vis zusah, das wild gestikulierte, mit den Fäusten auf die Tische schlug und sich mit Kunstgegenständen bewarf. Was sie sagten, konnte ich nicht verstehen, aber sobald aus Hammerwerfen Kugelstoßen wurde, war mir klar, daß er und/oder sie (wie ein Anwalt es ausdrücken würde) sie und/oder ihn tödlich beleidigt hatte.

Ihre Wohnung war, ehe sie damit begonnen hatten, sie in Trümmer zu legen, dezent und geschmackvoll eingerichtet gewesen, obwohl man das inzwischen kaum noch glaubte. Er stand am Kamin und parierte mit dem Kaminbock die echten Porzellanfigürchen, die sie ihm aus ihrer wohlverschanzten Stellung hinter dem Biedermeiersofa entgegenschleuderte. Ich fragte mich, was den spannenden, aber kostspieligen Kampf ausgelöst haben mochte, und geriet dabei ins Brüten über das Thema Mann und Frau. Und plötzlich ertappte ich mich dabei, daß ich «Zehn goldene Regeln für das Zusammenleben» aufstellte.

Dabei habe ich in Ehren ergraute Ermahnungen wie «Brechen Sie beim Anblick ihres neuen Huts in Begeisterung aus», «Nehmen Sie Anteil an seinen Hobbys», «Seien Sie Frau *und* Geliebte» und «Halten Sie sich keine Blondine im Gästezimmer» gemieden, nicht nur, weil sie durch ständige Wiederholung abgewetzt sind, sondern auch, weil sie offenbar nicht die erwünschte Wirkung haben. Vielleicht brauchen wir wirklich ganz neue Regeln.

Ob zur Unzeit oder nicht, hier sind sie. Sie sind das Ergebnis eines fünfzigjährigen (denn ich begann damit schon als kleiner Junge) Studiums der Natur, des Verhaltens, der Fehler und Mißverständnisse des amerikanischen Mannes (*homo americanensis*) und seiner Gefährtin.

Regel eins: Im heiligen Stand der Ehe sollte keiner der beiden Partner die früheren Freundinnen oder Freunde des anderen herabsetzen, verunglimpfen oder schlechtmachen. Die Angewohnheit, Charakter, Aussehen, Intelligenz, Fähigkeiten und Erfolge der früheren Freundinnen oder Freunde des Gefährten zu attackieren, ist eine weitverbreitete Ursache häuslichen Unfriedens. Diese beklagenswerte

Unsitte nennen wir Schätzchen-Schelte. Sie gedeiht besonders bei anhaltendem trübem Wetter, unter dem Einfluß von zu vielen Whisky-Sodas, wenn man einen Kater hat oder argwöhnt, daß das Ehegespons Briefe in einem hohlen Baum deponiert oder von dort abholt, den Postboten abfängt oder aus der Telefonzelle an der Ecke heimlich telefoniert. Fast immer erweisen sich solche Befürchtungen als unbegründet, aber unbegründete Befürchtungen sind, wie wir alle wissen, schlimmer als begründete.

Abfällige Bemerkungen oder Andeutungen, bissige Kommentare oder schlichte Frechheiten über frühere Freundinnen oder Freunde sollten stets vermieden werden. Man hüte sich besonders vor folgenden Wendungen: «Der mickerige Halbstürmer mit den Flossen wie rohe Steaks, den du dir in Cornell angelacht hattest», «Du weißt schon, wen ich meine, die mit den Wackelhüften, die nicht bis drei zählen konnte», «Deine alte Flamme mit dem Wortschatz einer Schneegans» und «Natürlich kennst du sie noch – die alte Eule, die immer Kaugummi kaute und angezogen war wie ein Landstreicher».

Abschlägige Bemerkungen dieser Art führen, von einem oder beiden Ehepartnern häufig gebraucht, unweigerlich zur Scheidung oder günstigstenfalls zu einem Schlag auf den

Kopf mit einem Kristallaschenbecher.

Regel zwei: Jeder Mann sollte sich ernstlich bemühen, die Namen der Freundinnen seiner Frau zu behalten. Es ist nicht leicht. Die amerikanische Durchschnittsfrau, die während der letzten dreißig Jahre ein College absolviert hat, unterhält zu wenigstens sieben früheren Klassenkameradinnen enge Beziehungen. Diese Damen, genannt «Die Mädchen», heißen: Mary, Marian, Melissa, Marjorie, Maribel, Madeleine und Miriam; der gedankenlose Ehemann, von dem hier die Rede ist, nennt eine wie die andere Myrtle. Außerdem verwechselt er ihre Spitznamen. Das ist allerdings verständlich, denn die Spitznamen lauten: Molly, Muffy, Missy, Midge, Mabby, Maddy und Mims. Der unaufmerksame Ehemann nennt sie entweder aus Gedankenlosigkeit oder aus reiner Bosheit alle Mugs oder, wenn er seinen besonders brutalen Tag hat, Mucky.

Alle «Mädchen» sind verheiratet, eine von ihnen mit einem gewissen Ben Tompkins. Da er der einzige ist, an den sich unser Held erinnern kann, nennt er alle sieben Ehemänner Ben oder Tompkins und erhöht so den allgemeinen Ärger und die Verwirrung.

Sollten Sie also mit einer College-Absolventin verheiratet sein, versuchen Sie, sich die Namen der Freundinnen und ihrer Ehemänner einzuprägen. Dadurch ersparen Sie sich einige der endlosen Szenen, die beginnen, nachdem Midge und Harry (nicht Mucky und Ben) ziemlich kühl gute Nacht gesagt haben und nach Haus gegangen sind.

Regel drei: Ein Ehemann sollte seine Frau nicht öffentlich auf Partys beleidigen. Er sollte das in den eigenen vier Wänden tun. Wenn ein Mann also der Meinung ist, daß die Soufflés seiner Frau so zäh sind wie Hosenleder, sollte er ihr das sagen, wenn sie zu Hause sind, und nicht bei einem offiziellen Dinner, bei dem soeben ein perfektes Soufflé gereicht wurde. Für Ehefrauen gelten die gleichen Regeln. Sie sollte die Freunde oder Freundinnen ihres Mannes nicht mit komischen Geschichten über seine Unbeholfenheit unterhalten, nicht erzählen, daß er tanzt, als hätte er es vor dem Ersten Weltkrieg gelernt, oder daß er sich im Kaninchenstall eingeschlossen hatte und die Tür nicht wieder aufbekam. Jede Party ist einmal zu Ende, und Ehemann oder -frau riskieren, daß sie nach solchen Enthüllungen im Taxi nach Hause wahre Höllenqualen erdulden.

Regel vier: Eine Frau, die dauernd «typisch Mann» sagt, und ein Mann, dessen ständige Redensart lautet, «Sie wissen doch, wie Frauen sind», werden einander im Laufe der Jahre vermutlich immer fremder werden. Diese berühmten Verallgemeinerungen bewirken nur, daß das Individuum sich zu einer anonymen kleinsten Einheit reduziert fühlt. Die Ehefrau, die gerade noch rechtzeitig dazukommt, wenn ihr Mann sich in einer Pfanne ohne Fett ein Ei zu braten versucht, sollte ihn nicht mit allen anderen Vertretern des männlichen Geschlechts in einen Topf werfen, sondern ihn zum Zeichen ihrer Achtung als Einzelmensch behandeln. Sie könnte zum Beispiel sagen: «George, kein anderer Mann auf der ganzen Welt käme auf so eine Schnapsidee.» Entsprechend sollte ein Mann, der sieht, wie seine Frau den Wagen zu starten versucht, ohne den Zündschlüssel herumzudrehen, nicht zum Gärtner oder zu einem zufällig vorüberkommenden Passanten sagen: «Sie wissen ja ... usw.» Statt dessen sollte er sich mit der folgenden Bemerkung direkt an seine Frau wenden: «Ich hab in meinem Leben viele Frauen kennengelernt, Nellie, aber ich habe noch keine getroffen, die dir das Wasser reichen könnte.»

Gewisse Leute werden darauf hinweisen, daß die speziell auf den Einzelfall zugeschnittenen Sätze, die ich an Stelle der altbekannten Verallgemeinerungen zu verwenden empfehle, das Problem nicht lösen. Sie werden behaupten, daß Mann und Frau tagelang eingeschnappt sind, ganz gleich was man sagt. Eine

Ehefrau, die mir beim Aufschreiben der Regel vier über die Schulter sah, rief aus: «Typisch Mann!» Und damit wären wir wieder beim Anfang. Sie wissen ja, wie Frauen sind.

Regel fünf: Wenn ein Ehemann etwas vorliest, sollte seine Frau ruhig in ihrem Sessel sitzen, entspannt, aber aufmerksam. Wenn er sich entschlossen hat, das Wahlprogramm der Republikaner, einen Artikel über das Ulmensterben oder einen ausführlichen Bericht über einen Boxkampf vorzulesen, dann wird es nicht ganz leicht sein, aber sie sollte immerhin so tun, als sei sie interessiert. Sie sollte nicht mit dem Fuß wippen, nicht ihre Armbanduhr aufziehen, sich nicht die Nägel feilen und nicht mit klatschender Hand eine Stechmücke erschlagen. Eine gute Ehefrau läßt sich von der Mücke stechen, wenn ihr Mann ihr etwas vorliest.

Sie sollte ihn auch nicht unterbrechen, um seine Aussprache zu korrigieren oder um ihm mitzuteilen, daß er seine Socke linksherum anhat. Und wenn der Gatte aufgehört hat, sollte die Gattin nicht unverzüglich von irgendeinem anderen unwichtigen Thema zu sprechen anfangen. Viel klüger ist es, auszurufen: «Sehr interessant!» Oder wenigstens: «Na ja!» Sie kann ihm vielleicht sogar ein Kompliment darüber machen, wie gut er vorliest oder wie viel er von Politik, vom Ulmensterben oder vom Boxen versteht. Sollte er eine heimtückische Frage stellen, um zu prüfen, ob sie zugehört hat, kann sie immer noch «Ach du lieber Gott!» rufen, aufspringen und in die Küche hinauslaufen, weil dort angeblich dringend irgend etwas zu tun ist. Vielleicht fällt er darauf herein, vielleicht auch nicht. Ich hoffe allerdings um ihretwillen – und auch um seinetwillen –, daß er es glaubt.

Regel sechs: Jeder Ehemann sollte sich einzuprägen versuchen, was wo im Hause aufbewahrt wird, so daß er nicht warten muß, bis seine Frau vom Friseur kommt, wenn er etwas braucht. Zu den Dingen, die ein Mann normalerweise nicht findet, gehören: das Fläschchen Jod, Kopfschmerztabletten, die Nagelfeile, der französische Vermouth, seine Manschettenknöpfe, Kragenknöpfe, die schwarzen Seidensocken und die Abendhemden, die Ferienfotos aus Nantucket vom letzten Sommer, seine Lieblingsschallplatte mit «Kentucky Babe», das geliehene Exemplar von «Vom Winde verweht», der Garagenschlüssel, sein Handtuch, die letzte Schneiderrechnung, seine Pfeifenreiniger, die Pokerchips, Crackers, Käse, der Messerschärfer, sein neuer Regenmantel und die Fliegengitter für die Fenster im ersten Stock.

Für dieses Problem weiß ich auch keine Lösung, aber es müßte dringend gelöst werden.

Vielleicht sollte jede Frau ihrem Mann einen detaillierten Plan des Hauses zeichnen, aus dem deutlich hervorgeht, wo alles, was er möglicherweise braucht, steht oder liegt. Vermutlich würde er diesen Plan jedoch irgendwo liegenlassen und nicht wiederfinden. Er müßte warten, bis seine Frau nach Hause kommt.

Regel sieben: Ein Ehemann, der nicht zuhört, wenn seine Frau etwas zu ihm sagt, sollte keinesfalls «Okay» oder «Ja doch» knurren oder sonstige zustimmende Geräusche machen. Wer in seine Gedanken oder Sorgen vertieft ist, wird die Bedeutung eines Satzes wie des folgenden nicht in sich aufnehmen: «Heute abend sind wir bei den Gordons zum Essen, John. Das Mädchen hat Ausgang. Komm vom Büro nicht erst nach Hause. Denk dran, daß wir um fünf beide beim Zahnarzt angemeldet sind. Ich hol dich dort mit dem Wagen ab.» Ein «Okay» oder «Ja doch» als Antwort hierauf kann zu Katastrophen führen, wenn der Ehemann nicht zugehört hat. Er fährt abends wie immer nach Hause, nach Glenville, dreizehn Meilen von der Zahnarztpraxis und siebzehn Meilen vom Haus der Gordons entfernt, und findet seine Frau nicht vor. Und auch das Hausmädchen nicht. Seine Frau kann ihn telefonisch nicht erreichen, sie bekommt immer nur das Besetztzeichen. Denn John ruft jeden an, der ihm einfällt, bloß natürlich nicht den Zahnarzt und die Gordons. Schließlich legt er erschöpft und wütend den Hörer auf. Das Telefon klingelt. Seine Frau ist am Apparat. Und hier wollen wir die beiden miteinander allein lassen.

Regel acht: Wenn Ihr Mann Sie schon im ersten Ehejahr nicht mehr «Zuckerpfötchen» oder «Honigäuglein» oder «Schmanttörtchen» nennt, dann ziehen Sie daraus bitte nicht den Schluß, daß Sie für ihn bereits zum Mobiliar gehören oder daß Sie ihm gleichgültig geworden sind. Mit großer Wahrscheinlich handelt es sich um ein Anzeichen dafür, daß er wieder normal geworden ist. Mancher junge Gatte, der seine Frau einmal «Wuschelchen» oder «Karamelöhrchen» oder «Rosenlippchen» genannt hat, ist inzwischen würdig geworden wie ein Amtsrichter und möchte nicht, daß sich herumspricht, wie frivol er in seiner Jugend war. Wenn er Sie nicht Dagmar nennt, wenn Sie Daisy heißen, haben Sie es schon gut getroffen.

Regel neun: Den Ehefrauen, deren Männer am Unabhängigkeitstag beim Picknick der Kirchengemeinde unbedingt in der Altherrenmannschaft mitspielen wollen, möchte ich folgenden Rat geben: Setzen Sie sich nicht an den Spielfeldrand, und sehen Sie nicht zu. Verkrümeln Sie sich irgendwohin. Irgendein Vierzehnjähriger wird George den Rang ablaufen, er wird einen Wadenkrampf kriegen und sich einen Zahn ausschlagen. Wenn Sie ihn nach dem Spiel sehen, sagen Sie ihm, jeder weiß, daß der Junge unfair gespielt hat und daß jeder gesehen hat, wie George ans Schienbein getreten worden ist, und daß das Spielfeld so voller Löcher war, daß man einfach stolpern mußte. Vergessen Sie nie, daß die meisten Männer in den besten Jahren sich abends vor dem Einschlafen vorstellen, wie sie ganz allein über eine Mannschaft von Spitzensportlern triumphieren.

Regel zehn: Der Frisiertisch der Gattin sei tabu. Er ist der einzige Ort im Haus, von dem ein Mann sich unter allen Umständen fernhalten sollte. Trotzdem wird der Durchschnittsgatte von ihm magnetisch angezogen, besonders dann, wenn er etwas Feuchtes, Öliges, Schmieriges oder Klebriges in der Hand hat, wie zum Beispiel ein Kardangelenk, eine Radkappe oder die Messer eines Rasenmähers. Die Ausrede dafür, daß er diese unpassenden Gegenstände überhaupt ins Schlafzimmer seiner Frau bringt, lautet gewöhnlich, daß er «einen alten Lappen» sucht, um sie abzuwischen. Im Boudoir einer Dame gibt es keine alten Lappen, aber Ehemännern ist das offenbar nicht beizubringen. Sie durchsuchen Truhen, Schränke und Schubladen, in der Hoffnung, ein geeignetes Stück Stoff zu finden – aber vorher legen sie das schmierig-schmutzige Ding auf den Frisiertisch. Die empörte Ehefrau könnte angesichts eines solchen Vandalenakts in Versuchung geraten, die Schlafzimmertür abzuschließen und den Mann ein für allemal hinauszuwerfen. Ich rate jedoch zu einer weniger strengen Strafe. Legen Sie ihm eine Schildkröte ins Bett. Ehefrauen, die keine Schildkröte anfassen mögen, sollten sich an ihren jüngsten Sohn wenden. Er wird nur zu gern behilflich sein.

Wenn ich mir diese Regeln im nachhinein betrachte, wird mir klar, daß manche meiner Lösungsvorschläge für Eheprobleme einiges zu wünschen übriglassen; manches ist nicht bis zu Ende durchdacht. Wenn zum Beispiel die Ehemänner ihre detaillierten Lagepläne der Haushaltsgegenstände verlegen, habe ich nur erreicht, daß der zerstreute Herr des Hauses einen weiteren Gegenstand nicht finden kann.

Dann die Sache mit der Schildkröte. Spitzfindige Kritiker werden darauf hinweisen, daß eine Schildkröte im Bett des Ehegatten keine Lösung ist, sondern nur eine neue Provokation. Der wütende Ehemann wird seiner Frau beim nächsten gemischten Doppel ein Bein stellen. Zur Vergeltung wird sie ihm Salz in den Frühstückskaffee schütten ...

Zwei Menschen im heiligen Stand der Ehe – ich hätte es schon längst sagen sollen – müssen sich davor hüten, in Blasphemie, Mutlosigkeit, Apathie oder den Konjunktiv zu verfallen. Jeden Ehemann irritiert es, wenn seine Frau sagt: «Das sei ferne von mir.» Oder: «Sei dem, wie es wolle.» Das kann zu anderen schicksalsschwangeren Satzanfängen führen: «Wollte Gott, daß ...» oder «Ich hätte damals genug Vernunft haben sollen, um ...» Und schon befindet sich das Paar im düsteren Gewölbe des Konjunktivs des Plusquamperfekts und damit an einem Ort, wo kein Zusammenleben gedeiht. Der sicherste Hafen für ein glücklich verheiratetes Paar ist der Indikativ, und von allen Tempora ist das Präsens das sicherste. Die Zukunft, das Futur, birgt Bedrohungen und Sorgen, und die Vergangenheit ist eine Einöde voll trüber Gedanken und Bedauern.

Lassen Sie mich zum Schluß der Hoffnung Ausdruck geben, daß sich durch diese kleine Abhandlung in keinem Heim neue Abgründe auftun, die sich nie wieder schließen.

Darf ich dir Siegfried vorstellen,
Mama!

Der Gedanke, daß es
zwei Geschlechter gibt, fasziniert mich.
Sie nicht auch?

Ich drohe Ihnen zu erliegen,
Mr. Pierson

Ich biete Ihnen Nestwärme, Dr. Mason

Warum wollen Sie denn um jeden Preis
unergründlich bleiben, Marcia?

Wissen Sie, Mr. Miller,
das Schlimme bei mir ist:
ich kann nie nein sagen!

Geht das nicht ein bißchen zu weit,
Miss Blanchard?

Was Sie hier sehen, Mrs. Clisbie,
ist nicht mein wahres Ich

Was ist denn bloß seit Freitag
in Sie gefahren, Miss Schemke?

Warten Sie bitte hier, meine Liebe.
Ich hole die Radierungen,
für die Sie sich interessieren,
rasch herunter

Wie wär's mit ein bißchen Fingerhakeln,
Miss Bryson?

Strategie der männlichen Annäherung

Der Konfekt- und Blumen-Vorstoß

Das Ich-trink-mich-zu-Tode-
und-niemand-kann-mich-retten-Manöver

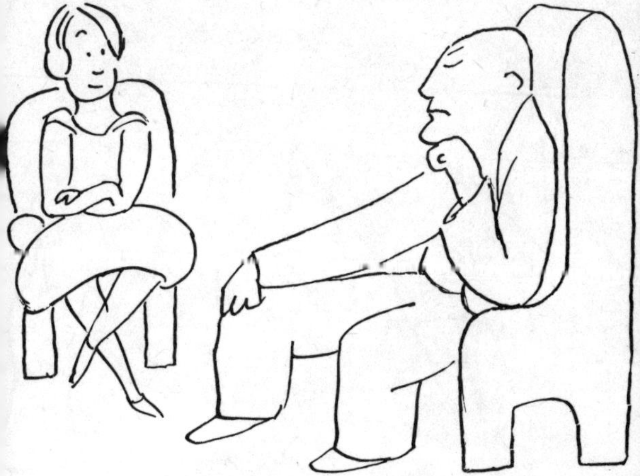

System «Stark und schweigsam»

Die Tätschel-Taktik

Methode: «Seltsam – faszinierend»

Der Du-wirst-mich-nie-wiedersehen-Trick

Die heroische oder die Angeber-Tour

Der Laß-sie-warten-und-zappeln-Plan

Die Geschichte von der unglücklichen Kindheit

Die gleichgültige Tour

Der briefliche Dauerbeschuß

Die Mann-von-Welt-Masche

Die Ihre-zwei-kleinen-Hände-
in-seinen-großen-halten-Technik

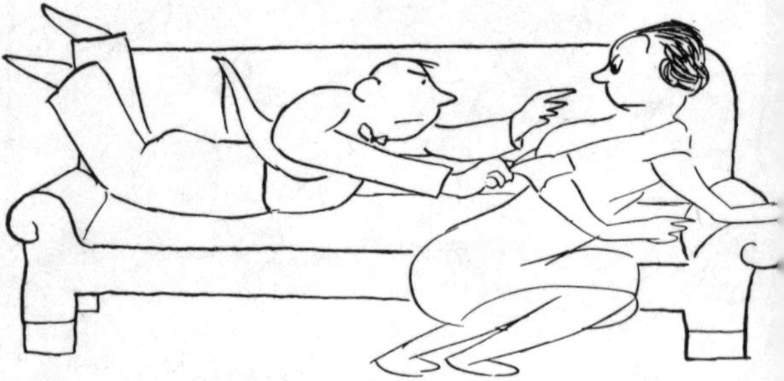

Der plötzliche Überfall

Das Nur-ein-kleiner-Junge-Spiel

Die Handkuß-Offensive

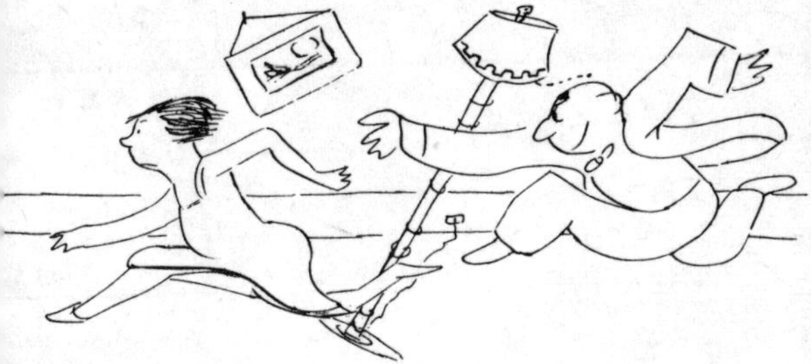

Ohne Rücksicht auf Verluste

Die Ich-bin-nicht-gut-genug-
für-dich-Erklärung

Die Ich-verreise-vielleicht-
für-ein-oder-zwei-Jahre-Praktik

Trautes Heim

Willst du nicht die
rosenfingrige Eos begrüßen?

Genau wie bei uns, Martin!
Er kühn wie ein Falke,
sie mild wie die Morgenröte

Dazu müßtest du
ein ganz anderer Typ sein

Ich kenne sie auch nicht, Liebling,
aber es wird sich schon alles aufklären

Ich weiß auch nicht,
aber ich glaube,
ich habe da ein Kaninchen, Liebling

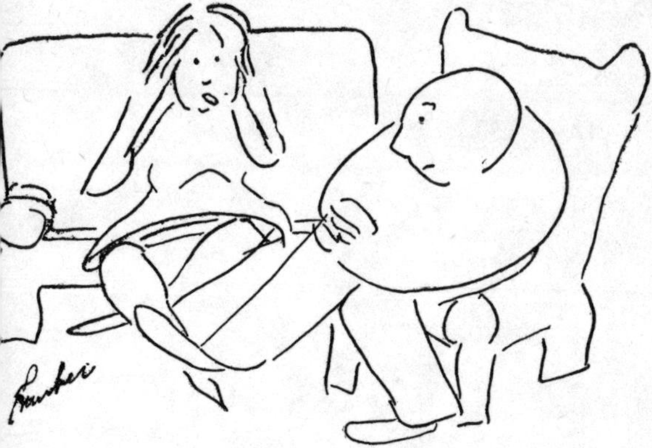

Bei dir habe ich meinen Frieden gefunden,
Lida, und nun sagst du,
du wirst verrückt

'ne Menge kleiner Männer
haben es zu was gebracht –
Napoleon, Underberg, Chaplin

Robert!!!

Ich sage dir doch,
es wird keine Revolution geben!

Willst du bitte aufhören,
mich vor allen Leuten Zuckerhäschen
zu nennen

Und das ist mein kleines Frauchen

Das ist Lindas Mann.
Er ist schrecklich unglücklich

Mag sein, daß du keinen Charme hast, Lilly, aber dafür hast du etwas Dämonisches

Woher hast du nur
deine großen braunen Augen
und deinen kleinen Verstand?

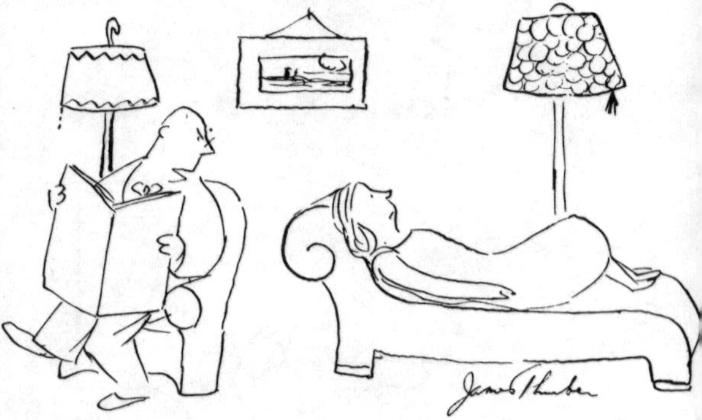

Selbstverständlich liebe ich dich,
aber ich habe einfach keine Lust,
mit dir über Militärpolitik zu sprechen

Na, dann sieh dir den Regenbogen
eben nicht an, du Idiot!

Du willst doch wohl nicht
so ins Bett kommen!

Ich möchte aber nicht,
daß er sich bequem fühlt,
wenn er dabei so albern aussieht

Na, wer ist denn schließlich
daran schuld, daß unsere Ehe
jede Romantik verloren hat?

Na, ich bin auch frustriert!
Wir alle sind frustriert!

Also, dann hat eben in Gottes Namen
ein Seelöwe gebellt

Danach muß ich wohl annehmen,
daß du dich selbst für allwissend hältst.
Sollte ich mich irren, berichtige mich bitte

Mein Psychiater
ist ganz verrückt darauf,
dich kennenzulernen, Liebling

Warum habe ich bloß
unter meinem emotionalen Niveau
geheiratet?

Ich glaube, du und Miss Perrish,
ihr werdet euch gut verstehen.
Sie hat auch immer dieses Ohrensausen

Er ist so charmant,
daß es einem kalt überläuft

Und das hier ist Tom Weatherbey,
ein alter Verehrer deiner Mutter.
Er konnte bei ihr nicht landen

Das da oben ist meine erste Frau,
und dies ist die jetzige Mrs. Harris

Aufs Wohl meiner ersten Frau, Liebling –
sie trug immer nur einen Hut.
Gott hab sie selig!

Meine Frau will Pfingsten
mit ihrem ersten Mann verbringen

Mir wäre viel wohler, wenn ihr Mann
nicht zu Bett gegangen wäre

Was guckst du denn plötzlich so betreten?

Dieser Herr war so freundlich,
mich nach Hause zu begleiten, Liebling

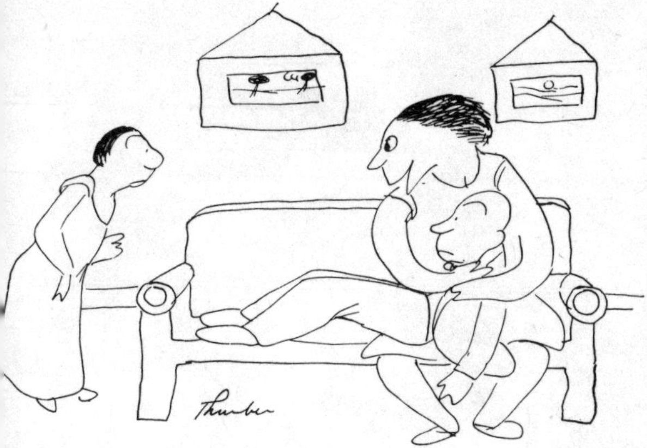

Ihr Mann hat die ganze Zeit
nur von Ihnen gesprochen, Mrs. Miller

Es ist allgemeiner Aufbruch, Liebling!

Mich kriegst du hier nicht weg

Der Krieg zwischen Männern und Frauen

Eröffnung der Feindseligkeiten

Die Schlacht im Treppenhaus

Der Kampf im Supermarkt

Im Hauptquartier der Männer

Im Hauptquartier der Frauen

Gefangennahme
von drei Physikprofessoren

Drei Blondinen ergeben sich

Winterfeldzug

Der Spion

Mrs. Pritchards Heldensprung

X-Zeit

Die Heckenschützin

Waffenstillstandsverhandlungen

Die Entscheidungsschlacht

Der Rückzug

Dem Feind auf den Fersen

Bedingungslose Kapitulation

Peng! Peng! Peng!

Und was soll ich einmal
mit deinen sterblichen Resten tun,
George?

Ich trage Handschuhe,
weil ich keine Fingerabdrücke
hinterlassen will

Habt ihr zufällig
ein paar 38er Patronen da?

Hast du eine Ahnung,
wo meine Pistole ist, Süße?

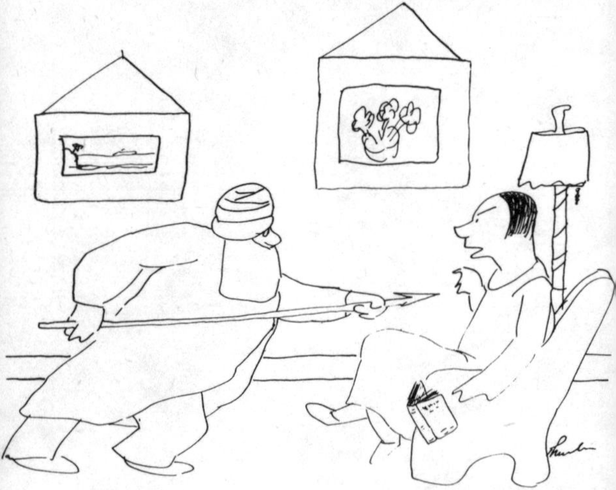

George, wenn *du* das bist,
verzeih ich's dir nie

Darf ich Ihnen den Hut abnehmen,
Mr. Williams?

Ja, wissen Sie, Herr Kommissar,
das Ganze hat eigentlich bei mir schon
angefangen, als ich noch ein ganz, ganz kleines
Mädchen war

Dieses Zimmer vermiete ich nicht
an jeden, Mr. Spencer.
Hier ist mein Mann seinerzeit
verrückt geworden

Wenn Sie schweigen können,
erzähle ich Ihnen, wie mein Mann starb